27
Ln 12041.

LEFEBVRE LA BOULAYE,

A UN LIBELLISTE

ÉCHAPPÉ DES PETITES MAISONS.

RÉPONSE

DE

LEFEBVRE LA BOULAYE,

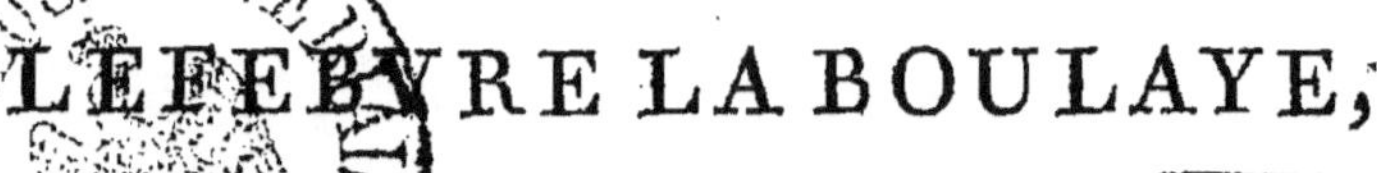

ANCIEN NOTAIRE DE PARIS,

A UN LIBELLISTE ÉCHAPPÉ DES PETITES MAISONS.

> La paix est fort bonne de soi :
> J'en conviens ; mais de quoi sert-elle
> Avec des ennemis sans foi ?
>
> LAFONTAINE.

AN X. — (1802).

RÉPONSE

DE

LEFEBVRE LA BOULAYE,

ANCIEN NOTAIRE DE PARIS,

A UN LIBELLISTE ÉCHAPPÉ DES PETITES MAISONS.

La paix est fort bonne de soi :
J'en conviens ; mais de quoi sert-elle
Avec des ennemis sans foi ?

LAFONTAINE.

Iʟ est bien dur à mon âge de me voir en-traîné dans une arène de gladiateurs, et d'être obligé de répondre à un libelliste effrené (1).

Pourquoi lui répondre ?

Parce que l'honneur m'est encore plus cher que le repos, parce que je suis père de

(1) J'appelle *libelliste effréné* l'homme ivre et brutal qui ne respecte ni les mœurs, ni la langue, ni les lois de son pays, qui vend sa plume à toutes les vengeances et à tous les intérêts, qui s'échauffe à froid et se bat les flancs pour paraître plus furibond, qui n'a pas même le mérite facile d'amuser les oisifs, en disant des injures aux passans, et cet homme est celui à qui je réponds.

famille ; parce qu'enfin mon silence pouvant être pris pour un aveu par ceux qui ne me connaissent pas, je dois encore plus à ceux qui m'estiment, la déférence de repousser loin de moi jusqu'à l'ombre d'un odieux soupçon, à mes concitoyens un exemple de modération, c'est-à-dire de la manière avec laquelle on peut combattre avec succès les plus infâmes calomnies, et à mon calomniateur une leçon dont il se souvienne long-tems.

Je n'ai guères le tems, et j'ai encore moins le désir d'ouvrir les brochures nouvelles, espèce *d'éphémérides* qu'enfantent tour à tour la sottise et la méchanceté, et que dévorent l'un après l'autre le désœuvrement et l'oubli.

Mais on m'en apporta une de cette espèce il y a quelques jours (1) dans laquelle on ne me laissa point ignorer que j'étais mal-

---

(1) Elle est intitulée: *Apperçu d'une cause renvoyée à l'audience en référé entre Antoine Auzat et Pierre Garcelon, chaudronier de Vigier,* etc.... Elle est signée *Auzat,* et plus bas, *Popelin, défenseur officieux, et Guerignon, avoué :* mais Guérignon et Popelin ont désavoué leur signature, et assuré que le cit. Auzat était un faussaire.

traité ; et en effet j'y lus les deux articles suivans.

« Vigier avait un courant d'affaires avec
» un certain Lefébvre - la - Boulaye qui se
» disait notaire, homme perdu de dettes et
» de réputation, et qui servait et sert encore
» de plastron à Vigier pour certains petits
» tours de passe-passe et de subtilité. « *page*
» 3.

» Il (Auzat) ne savait pas encore que
» Lefebvre-la-Boulaye était en banqueroute
» ouverte, que tous ses biens avaient été
» saisis réellement, et qu'il était notoirement
» insolvable ». *Page* 4.

Me voilà bien clairement signalé comme *banqueroutier*, comme *infâme* et comme *escroc*. Certes il est difficile d'accumuler plus d'outrages en moins de paroles ; et je sens que s'il y avait le plus léger fondement à ces horribles imputations, on ne m'eût pas fait de plus profondes et de plus douloureuses blessures, en me traînant sur la claye.

Hé bien, tout horribles qu'elles sont, elles m'ont laissé calme et sans humeur ; elles seraient même restées sans réponse si ma famille et mes anciens confrères n'avaient droit de me demander compte de cette fleur de réputation, dont les véritables honnêtes gens sont si jaloux , et qui sera le plus précieux héritage de mes enfans.

Par cette considération je repousserai sur mes adversaires le système de diffamation dans lequel ils ont voulu m'envelopper ; je le repousserai en examinant avec le plus grand sang-froid quelle en est l'*origine* , *le but* et l'*instrument.*

De l'examen de ces trois questions , j'espère faire sortir d'abord ma justification complète , et jaillir ensuite quelques rayons de lumière sur une manœuvre qui soulèvera d'indignation tous les cœurs honnêtes.

Quelle est l'origine de cette diffamation ?

PREMIÈRE QUESTION

Un ex-conducteur des charrois militaires arrive de l'armée , chargé de louis d'or qu'il avait *ramassés sur sa route* , pour venir les placer avantageusement à Paris. On m'indique à lui : j'avais besoin d'argent par des raisons que je dirai bientôt. Nous nous abouchons ; il me trouve bon ; me prête pour un an 7360 livres ; (le 6 floréal an 5), je lui fais un billet de 10,000 francs, c'était placer son argent à trois et demi pour cent par mois.

Mais par une précaution singulière, et que

son excès rendait inutile, il exigea que cétte somme placée à si gros intérêt fût reconnue par moi comme un dépôt remis entre mes mains.

Un dépôt qui, en deux ans et demi, a produit à son propriétaire 8040 liv. de bénéfice, ne laisse pas que d'être aussi fructueux que nouveau dans son espèce.

Ce n'est pas tout, au bout de deux ans et demi, mon préteur alléché par la facilité avec laquelle j'avais consenti à augmenter l'intérêt de ma dette dans l'impuissance où j'étais par une force supérieure, de rembourser le capital, me proposa de souscrire un quatrième billet de 2400 livres (1), ce qui, comme il le dit lui-même dans une lettre du 14 germinal, eût porté sa créance de 7360 l. à 17,800 : je fus effrayé d'un accroissement si rapide et si ruineux ; dès lors, j'entrevis l'abîme où tant de cupidité d'une

____

(1) L'impudent personnage a travesti ce billet que je n'ai pas voulu souscrire en un billet que je lui ai dérobé.... On peut se rappeler une scène du théâtre italien où Scapin paraît avec une cravatte de dentelle. Arlequin la lui dérobe : Scapin veut la reprendre, et Arlequin crie au voleur. Ne trouvez-vous pas ici quelque ressemblance entre Auzat et Arlequin ?

2

part , et tant de faiblesse de l'autre pouvaient m'entraîner ; je m'arrêtai heureusement sur ses bords ; je demandai grâce à mon impitoyable vampire ; je lui représentai que déjà son principal était plus que doublé ; qu'il me ruinait, que j'avais une femme et des enfans , que j'avais plus de bien qu'il n'en fallait pour assurer sa créance avec les intérêts légitimes ; que c'était à la nation et non pas à moi qu'il devait attribuer ma misère actuelle et momentanée. Tout fut inutile ; je parlais à un arabe du désert ; il ne me répondait à chaque représentation que par ces mots : *mon argent* ou *le billet.* Tant de barbarie enfin me révolta : je retrouvai assez de fermeté pour refuser nettement de souscrire le billet. L'arabe se fâcha brutalement , m'insulta grossièrement , et alla jusqu'à me menacer de mort , si je ne consentais pas à ma ruine (1).

---

(1) Ces sortes de menaces lui sont très-familières. Heureusement sa lâcheté les rend peu dangereuses. Le 27 germinal dernier , il écrivait : « Vingt fois j'ai été tenté de me venger et de terminer ensuite toutes mes inquiétudes. Je suis capable de tout ; je ne me connais plus : recommande bien à ce gredin de la Boulaye de *ne pas se trouver à mon passage* ; si sa présence allumait mon sang, je doute *que je fus* maître de mon ressentiment ». J'ai copié jusqu'aux fautes de français.

Et qu'on ne croie pas que ce fut un mo-
ment d'humeur excitée par une résistance
inattendue, il avait prevu cette résistance
et médité le moyen de la vaincre ; il écrivit
quelques jours auparavant ; *il ne me reste
plus qu'à assomer la Boulaye.*

Une scène aussi violente , m'ouvrit enfin
les yeux, et pour en prevenir des emblables ,
je resolus d'aller à la source du mal.

Je devais à cet homme , il fallait le payer ;
un ami compatissant m'ouvrit sa bourse , et
me mit en état de faire des offres ; je les répète
et les consigne publiquement dans cet écrit.

Vous dites , Monsieur , que vous avez
remis un *dépôt* entre mes mains ; vous avez
voulu que votre créance fût rendue plus
sacrée par ce titre : vous l'avez répété dans
plusieurs de vos lettres , hé bien , je consens que ce soit un dépot , j'entre dans vos
vues , et je raisonne ainsi :

Un dépôt ne doit pas plus augmenter que
diminuer , un dépôt n'a point de terme li-
mité. Vous m'avez confié 7,360 liv. le 6 floréal an 5 ; je vous ai offert , et j'offre de vous
les rendre en même monnaie , mais à condition que vous rendrez de votre côté les
quatre billets que je vous ai consentis ; et
que de plus , vous reconnaîtrez que c'est mé-

chamment, et dans l'intention de me nuire, que vous m'avez calomnié et diffamé dans vos lettres et dans vos écrits.

Et ne dites pas que je vous fais tort, en retranchant de votre créance les intérêts qui lui ôtent le caractère de *dépôt* ; car, outre que je raisonne d'après vous, c'est encore d'après vous que j'agis, *volenti non fit injuria.*

On m'a remis une de vos lettres du 6 floréal dernier, dans laquelle vous proposez de vendre à un capitaliste votre créance sur moi, à moitié de sa valeur. Voici vos propres termes.

« Je n'avais pas voulu d'abord accepter l'offre que tu m'avais faite *de 7,362 liv. pour le montant de ma créance sur Lefebvre la Boulaye.* Mais le *déficit* que le retard de la Boulaye met à me payer, met un tel embarras dans mes affaires, que je suis forcé d'accepter la proposition telle que tu me l'as faite (1) ».

____

(1) Ce passage est doublement remarquable ; 1º. en ce que la créance est réduite à sa véritable et primitive valeur ; 2º. en ce qu'elle n'est plus un *dépôt*. Quand on fait le métier d'Auzat, il faut avoir plus de mémoire et plus d'adresse, autrement on se coupe à chaque instant et on trébuche à chaque pas.

Vous reconnaissez dans cette lettre que votre créance originelle est de 7,362 liv. ; vous dites, vous écrivez, vous répétez partout que cette créance est un dépôt ; rien de mieux, et j'y consens : jamais je n'ai prétendu le contraire ; et j'offre de vous le remettre aux clauses et conditions que j'ai dites. Je ne suis donc point un *violateur de dépôt*, *ni un escroc*, comme vous avez eu la bonté de l'imprimer. Voyons d'un autre côté, si je suis un banqueroutier frauduleux et diffamé.

Suivant toutes les notions communes, un banqueroutier est celui qui ne peut ou ne veut pas payer ses créanciers à raison d'une insolvabilité feinte ou réelle. Dans un sens plus étendu, le banqueroutier est celui qui abandonne tous ses biens à ses créanciers, faute de pouvoir remplir ses engagemens avec eux. Or, je ne suis dans aucun de ces deux cas.

Je ne refuse point de payer mes créanciers, et je ne leur ai point abandonné mes biens.

Mes biens ont été pris ; par qui ? Par la nation. Mes biens sont retenus ; par qui ? Par la nation.

Avant la révolution, j'avais acquis de

l'Ordre de Malte , dans l'enclos du Temple , un terrein sur lequel j'ai bâti une rotonde composée de quarante arcades ou maisons particulières (1). Le service public exigea en 92 et 93 le sacrifice de cette propriété ; mais la Convention rendit en même tems un décret qui ordonnait que je serais remboursé de mes constructions et de mes avances.

Ces avances furent estimées et fixées par le département *à un million* 14,935 *francs en numéraire*. Je suis *liquidé*, mais non *payé*. Et c'est à la poursuite de cette somme, que j'emploie tout mon tems et toutes mes pensées. Et c'est sur cette somme, qui fait ma fortune, et est le produit de 40 ans d'honorables travaux dans le notariat , qu'est hypothéquée la créance du cit. Auzat. Je ne suis donc ni insolvable, ni en saisie réelle. Je ne suis donc point un vil banqueroutier , comme il l'a dit.

Ah ! qu'il me serait facile d'user de représailles , mais je suis pressé, et l'occasion que je néglige volontairement ici, se retrouvera peut-être ailleurs. Avançons.

---

(1) Ces arcades étaient louées en 1788 50,000 liv. par an.

Le cit. Auzat connaissait ma position lorsqu'il me prêta 7,360 liv. Ma position n'a pas changé depuis. Alors comme aujourd'hui je poursuivais le remboursement de toute ma fortune : aujourd'hui comme alors cette fortune présente un appât riche et facile aux usuriers ; et le cit. Auzat qui m'a prêté à quarante-neuf et demi pour cent par an, et qui retire les intérêts des intérêts des sommes qu'il prête , sait mieux que personne qu'il n'y a rien à perdre pour lui avec moi , mais il est fâché de l'ordre que j'ai voulu mettre à cette affaire ; il est fâché de ce que je ne lui abandonne pas la rotonde du temple pour son dépôt de 7,360 liv. Cependant il n'y avait pas là de quoi le rendre furieux. Il faut donc chercher ailleurs la cause de ses fureurs et le but de son libelle.

Quel est le but de cette diffamation.

SECONDE QUESTION.

La chicane a ses ruses comme la guerre , mais, comme la guerre aussi, ne doit-elle pas avoir son droit des gens ?

Là , comme ici , toutes les armes sont permises , hors le poison , l'assassinat et les trahisons.

Ces élémens de la science naturelle sont reconnus partout excepté dans la jurisprudence des libellistes et des voleurs de grands chemins.

Qu'importe, disent les uns et les autres, la manière de nous défaire de nos ennemis, pourvu que nous enlevions leurs dépouilles ?

Ils veulent avoir la mienne *per fas et nefas*, mais ils convoitent bien davantage celle de Vigier, propriétaire actuel des bains chauds sur la rivière.

Vigier saura bien se défendre de leurs mains, je ne suis point inquiet de son sort : mais avant de prouver qu'ici nos dangers sont réciproques, je dois dire comment nos intérêts sont devenus communs.

Je lui vendis en 1791 les bains que j'avais acheté en 1783 de la veuve Poitevin. Un intriguant qui me servait alors de commis jeta un dévolu sur cette belle propriété, et en réclama la moitié sans autres titres que son adresse ou sa mauvaise foi.

Ses absurdes prétentions souvent reproduites tant par lui que par ses héritiers, et autant de fois mises au néant tant par la force du droit de Vigier que par jugement des tribunaux, n'en ont pas moins été la source de grandes horreurs de la part de quelques défenseurs officieux, de méprises pour le public et de désagrémens pour Vigier.

Jusqu'ici je suis désintéressé ; c'est-à-dire que je n'ai pris à cette affaire d'autre intérêt que celui qu'y ont pris les honnêtes gens de Paris, dont j'ai partagé l'indignation en voyant ce tas de frélons assiéger la ruche et dévorer d'avance le miel de l'industrieuse abeille ; en voyant une foule d'aventuriers, la lie de toutes les nations, harceler et fatiguer un des hommes qui honnorent le plus la nôtre par le génie de ses créations, et la magnificence de ses établissemens (1) ; en voyant enfin la plus lâche et la plus astucieuse méchanceté aux prises avec la noblesse et la loyauté.

Mais j'étais destiné à jouer bientôt sur ce théâtre de scandale un rôle plus actif.

Les ennemis de Vigier à l'affut de toutes ses démarches, et en embuscade à sa porte,

---

(1) Les *termes* ou les bains neufs de Vigier, placés sous le pavillon de Flore, sont bien en effet la plus belle chose qu'on puisse voir. La forme en est charmante, le service agréable et les effets admirables. Madame la duchesse de Cumberland disait en les voyant avec la prévention nationale qui n'abandonne jamais les anglais : *Cet établissement est digne de Londres.*

apprirent qu'il avait rendu d'importans services, c'est-à-dire qu'il avait prêté beaucoup
d'argent à un nommé Auzat, soi-disant juris-
consulte, et ci-devant conducteur des charrois
de l'armée.

Connaissant assez les hommes, et jugeant
surtout d'après eux-mêmes, pour savoir que
la reconnaissance est dans certaines âmes
un fardeau, dont elles se débarrassent bien
vite par l'ingratitude, et que de l'ingratitude
à la haine, il n'y a qu'un pas; ils dirent
voici notre affaire; ils avaient bien calculé
et bien rencontré. Auzat était leur homme;
ils l'endoctrinent, le payent et le lancent sur
la scène.

Auzat commença par semer des propos
sourds contre Vigier, continua par écrire des
lettres menaçantes, et finit par publier des
libelles diffamatoires; c'est la marche ordi-
naire du crime et de la calomnie.

Quelques crimes toujours précèdent les grands crimes.

« D'abord un bruit léger rasant le sol
» comme hirondelle avant l'orage, *pianis-*
» *simo*, murmure et file et sème en courant
» le trait empoisonné. Telle bouche le re-
» cueille et *piano*, *piano* vous le glisse à
» l'oreille adroitement. Le mal est fait, il

» germe , il rampe , il chemine , et *rin-*
» *forzando*, de bouche en bouche , il va le
» diable : puis tout à coup ne sais comment ,
» vous voyez calomnie se dresser , siffler ,
» s'enfler, grandir à vue d'œil ». Voyez le
Barbier de Seville ; voyez Auzat , c'est tout
un. Auzat eût été un excellent *Basile.*

Il a dit comme son maître : « La calomnie
Monsieur ! Vous ne savez guères ce que vous
dédaignez ! j'ai vu les plus honnêtes - gens
prêts d'en être accablés. Croyez qu'il n'y a
pas de plates méchancetés , pas d'horreurs ,
pas de conte absurde qu'on ne fasse adopter
aux oisifs d'une grande ville en s'y prenant
bien ».

Il cherche dans son répertoire d'injures ,
les injures les plus grossières , il les noie
dans un volume. Il se fait imprimer à 10,000
exemplaires ; et satisfait de sa prouesse , il
court en recevoir le prix chez ses commettans.
Le but est rempli : Quel est-il ?

Vous ne le voyez pas ? c'est d'enlever à
Vigier son crédit et sa réputation , pour enlever plus facilement aux tribunaux un jugement qui le dépouille de sa propriété.

Vous ne voyez pas derrière ce vil Auzat
les auteurs et colporteurs des mêmes calomnies déclamées au palais le 16 prairial dernier ?

Vous ne voyez pas , dans la coïncidence de son libelle et des plaidoyers des héritiers de Machet - Velye , l'intention de tromper le juges , d'étourdir le public , et d'accabler Vigier de tant de coups à la fois, qu'il ne puisse ni s'en garantir, ni s'en relever ?

Vous ne voyez pas le même esprit qui les anime , la même envie qui les dévore, la même plume qui les sert ?

Auzat fait imprimer son mémoire à 10,000 exemplaires. Qui a payé les frais d'impression ? il n'a pas le sou. J'ai sous les yeux vingt lettres de lui , dans lesquelles il dit qu'il n'a pas le moyen de payer son loyer , qu'il a mis ses meubles et son argenterie en gage , qu'il doit ce qu'il mange, etc (1). « Je sais qu'il doit à l'imprimeur Gratiot cent francs pour frais d'une brochure contre l'Académie de Jurisprudence , et que cité devant le juge de paix pour se voir condamné à les payer, il a

------

(1) Il écrivait le 27 germinal dernier : « Songe que la nécessité fait tout entreprendre ; que je n'ai plus aucun moyen d'exister ; que mes meubles et mon argenterie sont en gage, et que je paie 4 pour 100 d'intérêt par mois sans espoir de réduction , etc... » Cette lettre et toutes celles que nous avons citées dans cet écrit sont entre mes mains.

répondu que son domicile était dans le département du Puy - de - Dôme. Je sais qu'il doit d'autres frais d'impression à l'imprimeur Patris. Il est reconnu pour devoir à tous les imprimeurs de Paris ; aucun ne veut plus imprimer pour lui qu'à beaux deniers comptans. Encore une fois, qui est - ce donc qui a payé les frais de ce dernier libelle ? On ne saurait en douter, ce sont ceux qui espèrent en recueillir les fruits, ce sont ceux qui, depuis dix ans, attaquent et poursuivent Vigier pour lui arracher une portion de ces bains qu'il a créés ou achetés, mais qui excitent encore plus leur cupidité que leur haîne ; ce sont ceux enfin qui accusent aujourd'hui Vigier *d'être gorgé de substance*, avec la même élégance et le même fondement qu'ils l'accusaient sous Robespierre d'*être l'émissaire et le trésorier des royalistes* (1).

De tout cela il résulte que le cit. Auzat a prêté son nom aux ennemis de Vigier, qui lui ont prêté de l'argent pour imprimer ses libelles ; que cet homme qui m'accuse d'être

____

(1) Vigier est l'auteur de sa fortune, et il ne s'en cache pas. Il l'a faite, et il s'en sert honorablement ; mais il est entouré d'envieux et d'ingrats : c'est le sort de tous les riches bienfaisans. Vigier s'en console par de nouveaux bienfaits.

le *plastron de Vigier*, n'est lui-même que l'enfant perdu où le casse-cou de ses ennemis, que je ne suis enfin que le prétexte d'une horrible diffamation, dont le but et l'objet véritable, est la perte et la spoliation de Vigier, *quod erat demonstrandum.*

Quel est l'instrument de cette diffa-
mation.

TROISIÈME ET DERNIÈRE QUESTION.

Il n'est pas rare de trouver réuni dans le même caractère des qualités contradictoires en apparence, telles que la douceur et la fierté, la violence et la modération. Ces qualités ne sont que les plis formés par des passions différentes. Et l'on sait que le même homme peut obéir tour à tour à la haine et à l'amour, à la pitié ou à la cruauté.

Mais un homme dont le caractère se compose des vices les plus grossiers et les plus opposés ; un homme qui est tout à la fois un sot, un fou et un fripon, me paraît un phénomène un peu plus rare, et assez curieux pour être observé.

Cet homme est le citoyen Auzat.

En daignant, au reste, m'occuper de lui quelques instans, mon intention n'est pas tant de prendre une facile revanche sur un plat coquin, que de sauver à ceux qui ne le connnaissent pas, le désagrément de devenir ses dupes, et de lui épargner à lui-même une fin plus fâcheuse, en l'attachant au carcan.

Je ne sais si cet homme qui a cru faire une excellente plaisanterie, en demandant si *Vigier et Garcelon, Garcelon et Vigier étaient deux corps distincts en ce bas monde*, trouvera celle-ci bonne ou mauvaise, mais je déclare que ce n'en est point une, et que très-sérieusement je le regarde comme un phénomène, en tant qu'il est simultané-ment fou, sot et fripon. La chose n'es pas honnête à dire, mais elle est facile à prou-ver (1).

Lorsqu'il épousa Mademoiselle Dupleix, amie de Robespièrre, en récompense des petits services qu'il avait rendus au tyran; ce n'était encore qu'un sot.

Lorsqu'après ce mariage, il fut fait con-ducteur des charrois militaires, place dans laquelle il gagna en moins de deux ans,

---

(1) *Faciamus exprimentum in animâ vili.* Cela ne doit pas tirer à conséquence.

80,000 fr. en or, il est difficile de croire qu'il n'ait pas été un peu fri pon.

Mais ce fut un fou fieffé, lorsque de retour à Paris, au lieu de placer cet argent à 3 ou 4 pour 100 par mois, taux auquel il m'avait généreusement prêté 7,360 liv., il alla perdre le reste dans les tripots du Palais Royal.

Lorsqu'il me prêta à si grosse usure cette somme de 7,360 liv., qu'il prétendait me confier à titre de dépôt, on pouvait à toute force ne voir dans ses combinaisons qu'une sottise.

Lorsqu'il m'accuse ensuite de lui avoir volé un dépôt qui me coûte si cher, on peut croire qu'il y a folie.

Mais lorsque pour augmenter indéfiniment les produits de ce dépôt, il m'apporte un billet de 2400 livres à signer, et me menace verbalement et par écrit de me tuer, si je ne signe pas. Je dis qu'il y a là friponnerie et plus (1).

Qu'il se mette aux gages des ennemis de Vigier pour aller répéter dans les tavernes

---

(1) Le *fripon* est celui qui n'a pas assez de courage pour devenir *scélérat*. Le fripon prend par finesse ce que le scélérat enlève avec violence. Le fripon craint d'être reconnu, le scélérat d'être pris.

et les tripots, leurs injures et leurs sottises, c'est l'action d'un sot et d'un lâche.

Qu'après avoir tenu cette conduite contre son bienfaiteur, il aille se mettre à ses genoux, lui crier merci, *et lui promettre tous les genres de satisfaction qu'il exigera* (lettre d'Auzat à Vigier , 12 messidor) ; c'est celle d'un fou nécessiteux.

Mais qu'après avoir obtenu son pardon de Garcelon, et du magistrat de sûreté la supension d'une contrainte par corps, il profite du répit qu'on lui accorde pour fomenter de nouveaux troubles, pour vomir de nouvelles injures, pour imprimer de nouveaux libelles, je dis et je crois que ce sont là les actes d'un fripon déhonté.

Qu'il cite Horace tout de travers en écrivant deux fois de suite *ante-sedentem celestum*, ce qui n'est d'aucune langue, pour *ante-cedentem scelestum*, qu'il traduit ainsi :

> Envain le scélérat cherche à fuir les peines ;
> Il est toujours atteint.

Ce n'est qu'une sottise.

Qu'il compare ensuite Vigier à Cartouche, moi à un mannequin, et lui-même à un *homme dont la passion est de faire des heureux*, c'est folie.

Mais qu'il insinue dans une note que Vigier ne s'est tiré d'une accusation d'assassinat que par un décret d'amnistie, lorsque ce sont ses accusateurs eux-mêmes qui ont prétendu lui fermer la bouche par ce décret ; c'est combinaison de friponerie et de méchanceté (1).

Je pourrais prolonger cette énumération, mais je craindrais d'être fastidieux, en parlant trop long-tems d'un misérable qui n'a pu réussir jusqu'ici à se faire connaître que par des sottises, des folies et des méchancetés.

Toutes ses actions sont malheureusement et fortement empreintes de l'un de ces trois caractères. Mais il en est quelques-unes qui les réunissent tous les trois : telle est celle qui a donné lieu à une plainte criminelle contre lui, et a servi de prétexte au libelle qu'il intitule, *Apperçu d'une cause*, etc.

L'huissier du cit. Garcelon se présente chez Auzat avec une lettre de change de mille écus passée à son ordre ; Auzat prend la lettre

______

(1) Mais, puisqu'il est question d'amnistie, qu'est-ce qui en a plus besoin que le protégé, l'agent et le proxénète de Robespierre ?

de change, entre dans son cabinet; revient sans argent et sans effet, crie *au voleur,* fait une scène, s'en repent, et finit par remettre à l'huissier un de mes billets, sans en tirer de *reçu.* Je dis qu'il y a là folie, sottise et friponerie.

Friponnerie, car il avait évidemment le projet de soustraire la lettre de change, et de voler mille écus au porteur.

Folie, car il perdit la tête au point de faire une scène qui mettait sa friponnerie en évidence.

Sottise, en voulant acquiter une lettre de change avec un papier d'intérêt, ou un *billet pour argent prété.*

Si l'on pouvait diviser un homme, comme son caractère, et appliquer à chaque partie vicieuse le genre de punition qui lui convient, il faudrait laisser le sot à Paris pour les menus plaisirs de quelques badauts; envoyer le fou à Bicêtre, pour l'honneur et le repos de sa famille, et le fripon à Botany-Bay, pour la rémission de ses péchés.

Mais les choses n'allant pas ainsi, et notre hypothèse n'étant qu'une chimère, il faut prendre une autre mesure, et nous charger

de recommander le sot à la charité des héritiers de Machet-Vely ; le fou aux soins de
la médecine clynique ; et le fripon à la sur-
veillance de la justice criminelle.

Voilà pourtant le vil instrument dont on
s'est servi pour diffamer Vigier et Lefebvre
Laboulaye. Voilà l'auteur méprisable du libelle auquel j'ai dû répondre par égard pour
le public, pour mes enfans et pour moi (1).

Je n'ai jamais cru que d'homme à homme,
la réputation de celui qui est honnête, dé-
pendît de la volonté d'un coquin.

Mais devant le public, devant ce tribunal
si tumultueux et si redoutable, composé de
juges si divers, dont les passions sont toujours
en mouvement, et qui prononcent, non pas
toujours sur la valeur réelle de nos actions,
mais sur leurs valeurs apparentes ; observés

---

(1) Je répète ici pour la vingtième et centième fois
l'offre de rendre au cit. Auzat la somme qu'il m'a
prêtée, afin de lui ôter tout prétexte à l'accusation
d'escroquerie et de violation de dépôt. Ma réponse lui
en fournira de reste à celles de *Plastron*, de *gredin*
et autres gentillesses semblables. Il peut désormais
écrire, injurier, calomnier tant qu'il voudra. Entre lui
et moi il n'y a plus rien de commun.

de près, faiblement approuvés, et vivement contredits, les jugemens qui nous sont favorables s'effacent, ou ne sont pas connus; les arrêts qui nous flétrissent subsistent, s'étendent et se perpétuent....

Devant ce tribunal, dis-je, il ne suffit pas d'être innocent, il faut le paraître : je n'ai pas dû me taire; j'ai dû, malgré mes cheveux blancs, et le témoignage de ma conscience, descendre à la barre et me justifier, quelque méprisable que fût mon accusateur, et quel qu'absurde que soient ses imputations.

Pour vous, monsieur, qui en me traînant dans cette arène désagréable, m'avez forcé de vous traiter avec un mépris que je n'ai jamais ressenti pour personne; vous qui, dans la profonde misère où vos fureurs et vos sottises vous ont plongé, navez pas même la triste consolation d'en pouvoir accuser d'autres que vous; souvenez-vous que m'ayant attaqué sans ménagement, j'ai dû vous traiter sans égards; et qu'ayant insulté tout le monde, vous n'avez droit à la pitié de personne.

Il ne me reste plus, en terminant cet écrit, qui vous laissera de longs souvenirs, qu'à vous donncr le conseil que Mirabeau donnait à Beaumarchais.

« Ne songez plus désormais qu'à mériter d'être oublié. »

Signé, LEFEBVRE LABOULAYE.

LEFEBVRE-LA-BOULAYE, A SES CONCITOYENS.

Paris a été tout récemment infecté d'un libelle intitulé : « Aperçu d'une cause » renvoyée à l'audience en référé, entre » Antoine Auzat et Pierre Garcelon, etc. ».

Cette misérable production étoit signée d'Antoine Auzat, qui, comme il en convient lui-même, n'étoit que le prête-nom des ennemis de Vigier et de moi.

Ils *sont assez connus.*

Pour lui donner un caractère d'authenticité, on avoit ajouté à la signature Auzat celle des citoyens Popelin, avocat, et Guérignon, avoué, qui se sont empressés de les désavouer. (*).

Lettre de M. Popelin à M. Vigier.

Paris, ce 7 messidor.

(*) Le mémoire dont vous me parlez, Monsieur, a été imprimé sans ma participation ni mon aveu.

On y remarquoit les injures les plus grossières et les plus dénuées de fondement.

Antoine Auzat peut être un fort mauvais écrivain, un impudent diffamateur ; mais du moins il n'est pas *incorrigible*, il a quelquefois le *courage* de *demander pardon*.

L'écrit que je copie, et dont l'original est dans mes mains, est la preuve que ce n'est pas légèrement que je lui rends cette justice.

Je soussigné Antoine Auzat, reconnois et déclare que c'est par l'effet des mauvais con-

---

J'ai même fait savoir à M. Auzat que j'avois été fort surpris d'y trouver mon nom, et que j'improuvois autant la liberté que l'on avoit prise à cet égard que le style de son écrit.

J'ai l'honneur d'être, Monsieur, votre très-humble serviteur.   POPELIN.

Lettre de M. Guérignon à M. Pommageot.

Je salue mon confrère Pommageot, et le préviens que le mémoire signé Auzat, défenseur officieux, et Guérignon, avoué, a été rédigé à mon insu, et sans ma participation.

Tout à lui, GUÉRIGNON.

Ce 7 messidor an 10.

seils, et de fausses confidences qui m'ont été faites par des ennemis communs, que je me suis permis un imprimé calomnieux contre le citoyen Vigier et Lefebvre-la-Boulaye, ayant pour titre : Aperçu d'une cause entre moi et Garcelon, chaudronnier de Vigier; duquel imprimé j'ai fait faire deux éditions; que je m'empresse de désavouer avec plaisir cet écrit, et que je leur en fais à tous deux réparation entière et complète, sous la condition qu'ils ne pourront pas abuser du présent écrit pour former contre moi aucune demande en réparation, ajoutant et déclarant que je n'avois point formé de demande contre le citoyen Lefebvre-la-Boulaye pour raison du dépôt, qu'il m'a remis, qu'il n'avoit jamais refusé de me rendre, et pour raison duquel le citoyen Vigier n'a jamais été caution.

A Paris, le sept Thermidor, an 10 de la République française.

Signé AUZAT.

L'injure *d'Antoine Auzat,* étoit publique ;

Sa vertueuse rétractation ayant aujourd'hui le même caractère, je ne peux pas me refuser à lui pardonner.

Puissent ses concitoyens, puisse la société ne pas traiter avec rigueur *Antoine Auzat ;* et en raison de la facilité avec laquelle il se déclara calomniateur, lui pardonner celle avec laquelle il compose et débite ses infâmes libelles.

Il ne peut plus être dangereux.

LEFEBVRE-LA-BOULAYE.